AF495514

NOTICE

SUR LA VIE

D'ALFRED MERCIER DE LACOMBE

Paris, 20 octobre 1852.

Paris. — Imp. de J.-B. GROS, rue des Noyers, 74.

NOTICE

SUR LA VIE

D'ALFRED MERCIER DE LACOMBE.

La vie d'un jeune homme de vingt-quatre ans, passée loin des grandeurs de ce monde, n'est pas ordinairement fertile en événements de nature à fixer l'attention publique; mais, lorsqu'elle s'est écoulée dans la pratique des vertus chrétiennes, elle puise dans la religion un intérêt particulier, parce qu'elle a le mérite et l'utilité d'un bon exemple. Il a déjà été remarqué que plusieurs sujets d'élite n'ont pas fourni une longue carrière. On dirait que Dieu les envoie sur la terre comme des anges chargés d'une mission spéciale et qu'il s'empresse, dès que cette mission est remplie, de les rappeler dans le ciel, leur véritable demeure. N'est-ce pas entrer dans les vues de la Providence que d'honorer leur mémoire et de perpétuer par tous les moyens possibles leur souvenir? La meilleure manière de les faire apprécier est assurément de raconter leur vie :

Alfred Marie Mercier de Lacombe naquit à Paris, le 10 avril 1828; il vint au monde pour consoler ses parents de la perte récente de leur premier enfant; sa naissance fut accueillie comme un divin bienfait. Dès l'âge le plus tendre, il manifesta son naturel doux et sensible que les maladies graves de son enfance ne purent altérer; d'une complexion délicate, il contracta de bonne heure l'habitude de la souffrance. A neuf mois, le croup mit ses jours en peril. Quelque temps après, une fièvre catarrhale inflammatoire inspira les plus vives inquiétudes sur son existence; mais il ne pouvait mourir à ce moment; Alfred devait vivre assez de temps pour être un nouveau modèle d'amour filial; c'était là sa tâche sur la terre. Il commença à s'en acquitter dès cette époque et l'accomplit jusqu'en 1852 avec une persévérance angélique.

Pour affermir sa convalescence, le docteur Guersent conseilla le lait de femme; sa mère, qui l'avait nourri et déjà sevré, étant épuisée de fatigue, dut recourir à l'intermédiaire d'une étrangère. Elle fut obligée, pour lui faire accepter le sein d'une autre nourrice, de le placer dans une chambre noire, de rester constamment auprès de lui et de lui parler tout le temps afin que le son de sa voix lui fît croire qu'il prenait le lait maternel. Durant quatre mois, cette illusion fut nécessaire. Alfred ne voulait recevoir que les soins de sa mère ou de sa bonne, nommée Julie, qui méritait si bien son affection. Il ne se plaisait que dans la maison paternelle. Quelquefois on le menait à la campagne; mais il regrettait sans cesse sa mère : *J'aimerais mieux*, disait-il dans son enfance, *des coups de maman que des gâteaux des autres*. On était forcé, après quelques jours d'absence, de le ramener à sa mère.

En 1831 et 1832 naquirent ses deux frères, Saint-Hilaire et Charles; il les vit avec bonheur, partagea avec eux tout ce qu'il possédait, s'associa à leurs jeux, et leur montra une constante amitié sans jamais exprimer le désir d'obtenir aucune préférence, sans même se laisser entraîner à ces petits mouvements de jalousie si communs parmi les enfants.

A sept ans, on l'envoya dans une pension de Paris comme externe ; il fallut, pour l'y maintenir pendant quelques heures de la journée, y mettre son second frère ; on le plaça ensuite dans une autre pension à Saint-Mandé, où ses parents louaient une maison en été. Il y parut plus heureux parce qu'il voyait tous les jours sa mère.

En 1835, madame Mercier alla prendre les eaux de Néris. Le jour de son départ, Alfred pleura beaucoup ; il ne se sentit pas la force de lui faire ses adieux et demanda instamment qu'on le conduisît près d'une statue de la Sainte Vierge qui se trouvait dans le bois de Vincennes. Les personnes présentes ne pouvaient comprendre les causes de son éloignement ; on ne connaissait pas encore toute la délicatesse de son cœur ; Alfred voulait prier en secret pour sa mère et lui cacher en même temps ses larmes.

Au mois d'octobre 1839, il entra au collége Stanislas avec son frère Saint-Hilaire. Jusqu'à ce moment, la faiblesse de sa santé et les ménagements qu'elle exigeait avaient retardé ses études. Il eut peu de succès dans ses premières classes ; mais le désir de contenter sa mère lui donna du courage. *Sois tranquille*, lui disait-il souvent, *le fruit, qui mûrit tard, n'est pas toujours le plus mauvais.* Dans une lettre du 22 mars 1840, étonnante pour un enfant de onze ans et demi, il ajoutait ces mots touchants : « *Je*
« *prends tous les jours de grandes résolutions pour*
« *mieux m'appliquer et devenir plus fort. Quand je*
« *fais mes devoirs, je pense à toi et je veux me*

« *rendre digne de ton amour.* » A force de travail, d'assiduité et de bonne volonté, Alfred tint scrupuleusement toutes les promesses qu'il lui avait faites; depuis la troisième, ses places dans les compositions furent toujours bonnes; il obtint de nombreux accessit et des prix chaque année: mais il ne fut pas seulement un bon élève, il fut en outre (ce qui est plus rare) un écolier vertueux; les bulletins de son collége constatent sa conduite irréprochable.

A douze ans, Alfred fit sa première communion avec ferveur; les lettres, qu'il écrivit à cette époque, attestent combien il comprenait la grandeur de cette action qui exerça sur sa jeunesse une si salutaire influence. Les principes religieux, que sa mère lui avait inculqués, se gravèrent profondément dans son âme; la pratique sans ostentation comme sans respect humain de tous ses devoirs de chrétien vint les fortifier encore; il reconnut par sa propre expérience que l'un des plus efficaces préservatifs contre les passions est la lecture fréquente des livres de piété. Par une sorte d'entraînement sympathique, il montra une prédilection particulière pour l'histoire de saint Louis de Gonzague, mort à vingt-trois ans, pour celle de saint Stanislas Kotska, mort à dix-huit ans. Il ajouta même, le jour de sa confirmation, à ses prénoms celui de Stanislas; plus tard, il fut membre de la conférence de Saint-Vincent-de-Paul de Saint-Jean de Stanislas, et ses bonnes œuvres l'abritèrent contre les écueils de son âge. Dieu protége toujours les hommes qui lui sont restés fidèles dans leur jeunesse, parce qu'il leur tient compte de leurs luttes intérieures et de leurs sacrifices!

Alfred appréciait singulièrement l'excellente éducation du collége Stanislas; il portait un attachement sincère à messieurs les abbés Buquet, Gratry et Goschler, les directeurs successifs de cet établissement qui a rendu de si grands services à la France en formant la plupart des hommes religieux ; c'est là d'ailleurs que ses rares qualités lui conquirent de nombreux amis dignes de le comprendre ; mais il chérissait trop sa mère pour vivre longtemps séparé d'elle. En outre, une défiance exagérée de lui-même surexcitait son desir de se préparer, dans le recueillement de la maison paternelle, à l'examen du baccalauréat-ès-lettres. Il demanda et obtint de ses parents sa sortie du collége avant la fin de l'année scolaire de 1847.

La lettre très développée, qu'il adressa sur ce sujet à sa mère, est fort remarquable ; il y dévoila tous les mystères de sa belle âme ; il traça son propre portrait avec une franchise et une vérité saisissantes : « Quiconque me jugera sur les apparences, écrivait-il à sa mère, me jugera bien mal. Pour m'apprécier, il faudra me connaître, et je tremble quelquefois lorsque je songe au jugement que portera sur moi le monde, lui qui ne juge que d'après les apparences. J'ai l'air froid, indifférend; je le sais, et, sous ces dehors glacés, je cache une âme sensible et je dirai même ardente. Quel est donc le sentiment qui me contient, qui arrête souvent en moi de nobles élans, qui me force, malgré moi, à la dissimulation? c'est cette malheureuse timidité qui, attachée à mes pas comme un ver rongeur, me poursuit sans cesse et va jusqu'à me pétrifier en certains moments. »

Le style épistolaire d'Alfred était généralement facile, simple, naturel, plein d'effusion et de sensibilité; la lecture de sa correspondance, vraiment attrayante, sera pour sa famille une douce consolation ; on ne saurait néanmoins disconvenir qu'il s'est surpassé dans le morceau ci-dessus transcrit. Son éloquente description des angoisses de la timidité prouve qu'il les avait souvent éprouvées.

Après avoir reçu le diplôme de bachelier-es-lettres en 1847, Alfred commença son droit. Il avait déjà passé plusieurs examens lorsque, au mois de janvier 1849, il fut attaché au cabinet de M. de Falloux, ministre de l'instruction publique et des cultes, en qualité de surnuméraire, sous la direction immédiate de M. Jourdain, son ancien professeur de philosophie. Sa capacité fut bientôt reconnue. Quoique le plus nouveau et le plus jeune de son bureau, on le chargea de la rédaction; ses chefs se montrèrent fort satisfaits de son travail. Pour l'en récompenser, M. de Falloux décida, par un arrêté du mois d'août 1849, qu'un bel ouvrage en plusieurs volumes, intitulé : *Les Lettres missives de Henri IV, recueillies par M. Berger de Xivrey*, lui serait donné à titre de gratification.

Le 12 avril 1850, Alfred fut nommé employé auxiliaire, et, le 10 mai suivant, expéditionnaire en restant au cabinet du ministre; un nouvel arrêté du 24 août 1850 le fit passer avec ce dernier titre dans les bureaux de l'Administration des cultes. Pendant plusieurs mois, il travailla sous les ordres de M. de Berty, chef de division, son oncle; malgré son affection pour lui, son oncle, qui n'eut jamais de meilleur collaborateur, ne lui accorda aucun privilége, si ce n'est celui de faire plus d'ouvrage que les autres employés.

Durant le trop court passage d'Alfred à l'Administration des cultes, un concours fut ouvert pour une place vacante ; Alfred se distingua dans toutes les épreuves ; il se fit surtout remarquer par la rédaction élégante d'une lettre administrative. Les juges du concours proclamèrent sa supériorité sur ses rivaux et le désignèrent comme premier candidat à l'emploi disponible. Malheureusement des considérations personnelles motivèrent la nomination d'un autre concurrent.

Cet échec inattendu affecta vivement Alfred sans toutefois le décourager ; mais la Providence lui donna un ample dédommagement. Le 1er janvier 1851, il fut admis comme employé au ministère des finances; il quitta son oncle de Berty pour se mettre sous la direction de son oncle Clergier ; son cabinet, contigu à celui de son chef, facilita leurs relations journalières. Bientôt les liens d'une mutuelle estime resserrèrent les nœuds de famille qui les unissaient. Il y avait d'ailleurs entre eux tant de points de ressemblance ! tous deux avaient la même modestie, la même douceur, la même bienveillance sous des formes également très réservées. On aurait dit, en comparant leurs qualités, que le neveu était né pour être le secrétaire de son oncle.

Alfred se félicita de sa nouvelle position ; mais, hélas ! il n'y a pas sur la terre de bonheur complet ! Une contraction nerveuse, qu'il ressentit peu de temps après, lui rendit très difficile l'usage de la main droite ; il fut contraint de s'éloigner de sa mère pour prendre les eaux des Pyrénées. Selon son habitude, il échangea avec elle de fréquentes lettres qui adoucissaient les peines de l'absence. Quel cœur maternel aurait pu demeurer insensible aux protestations réitérées de son amour filial, à des expressions aussi tendres que celles-ci? *Tu ne te tromperas jamais quand tu diras : maintenant Alfred pense à sa mère...*

Du reste, ce voyage dans les Pyrénées lui fut d'autant plus agréable que son père l'accompagna. Ils visitèrent ensemble plusieurs villes, notamment Saint-Sauveur, Barèges et Bordeaux. Alfred saisit avec empressement cette occasion de témoigner à son père le respect, l'attachement et la reconnaissance qu'il lui avait voués depuis son berceau. Qui pourrait dire combien M. Mercier était heureux d'avoir un tel fils!...

Après son retour à Paris, Alfred, plus content de sa santé, reprit avec ardeur ses occupations au ministère des finances et ses études de droit. Il consacra ses matinées et une partie de ses soirées à préparer ses derniers examens. Le 23 juin 1852, il devint licencié en droit. Comme s'il ne lui était pas possible de faire un acte de quelque importance sans donner une nouvelle marque de ses attentions délicates, il dédia sa thèse à son oncle de Berty. Lorsqu'il vint la lui offrir, son oncle en fut touché jusqu'aux larmes et l'embrassa avec effusion. M. de Berty ne pouvait deviner alors que son neveu venait comme le remercier d'avance de ce que, peu de jours après, il lui fermerait les yeux.

Au mois d'août 1852, Alfred se trouvait, à 24 ans, dans une situation que beaucoup de jeunes gens auraient enviée. Licencié en droit, employé au ministère des finances avec un traitement de 1500 fr., guidé et soutenu dans sa carrière par son oncle Clergier, estimé de ses supérieurs et de ses collègues, chéri de ses parents, tout semblait lui sourire; pour lui, l'avenir s'annonçait sous les plus séduisantes couleurs. Il aimait la vie comme un jeune homme dont l'âme restée pure n'a rien à se reprocher ; l'espérance et les joies d'une union bien assortie le faisaient souvent rêver. Depuis quelque temps d'ailleurs le projet d'un voyage en Italie, conçu par sa mère, occupait agréablement son imagination. Déjà il contemplait dans sa pensée le beau ciel de Naples, le musée de Florence, les magnifiques monuments de Rome. Pourquoi faut-il qu'une horrible catastrophe soit venue briser sitôt sa précieuse existence !

Alfred, retenu à Paris par ses fonctions, ne devait se rendre à Marseille que le 18 septembre. Il fut décidé que sa mère et ses deux frères iraient l'attendre dans cette ville sous le toit hospitalier d'excellents amis pour s'embarquer ensemble sur le navire qui les transporterait en Italie. Le 25 août, jour de son départ de la capitale, Mme Mercier manifesta, en se séparant de son fils aîné pour vingt-quatre jours seulement, une douleur extraordinaire. Ceux, qui en furent témoins, ne pouvaient se l'expliquer ; mais ils reconnurent plus tard qu'elle était le pressentiment, hélas ! trop fondé de l'amour maternel. De son côté, Alfred éprouva une pénible émotion ; en accompagnant ses frères à la voiture, il leur dit avec attendrissement ces paroles qui auront pour eux l'autorité d'une disposition testamentaire : *Je vous en prie, mes amis, ayez bien soin de maman.*

D'un tempérament nerveux et très impressionnable, Alfred avait besoin de distractions, d'air et de mouvement. L'équitation était son plus grand plaisir. Il convint avec son cousin Eugène de Combaud, récemment arrivé de Provence, de faire ensemble, le mercredi 1er septembre, une partie de cheval. Nonobstant plusieurs circonstances qui paraissaient devoir s'y opposer, cette fatale partie fût réalisée. A six heures et demie du soir, les deux cousins prirent au manége de la rue de Varennes deux chevaux d'une nature ardente, se dirigèrent vers le bois de Boulogne pour aller ensuite à Saint-Cloud, et parcoururent avec une extrême vitesse l'avenue qui mène à l'hôtel du château de Madrid. Les chevaux voulurent entrer dans cet hôtel où ils avaient coutume de s'arrêter. Pour détourner le sien du chemin qu'il persistait à suivre, Alfred, déjà ébranlé et privé de son chapeau par la rapidité de la course, eut recours à sa cravache. Soudain le cheval irrité le lança avec violence sur le mur de l'hôtel; l'infortuné jeune homme tomba sans connaissance. On le releva aussitôt, on le transporta dans une salle du château de Madrid, on lui prodigua tous les soins nécessaires. Son oncle et sa tante de Berty, avertis par un exprès, accoururent sur les lieux avec plusieurs médecins. Ils eurent d'abord l'espoir de le sauver; mais, quatre heures après sa chute, des symptômes alarmants les firent frissonner d'effroi; le docteur Tanquerel des Planches déclara qu'il y avait fracture intérieure du crâne et congestion cérébrale; son oncle réclama immédiatement l'assistance d'un prêtre et récita tout en pleurs les prières des agonisants; sa tante et son cousin suppliaient à genoux la miséricorde divine de lui conserver la vie. Enfin le vicaire de Neuilly arriva et lui donna l'absolution. C'est à ce moment, vers les onze heures et demie du soir, le 1er septembre 1852, qu'il rendit le dernier soupir.

Sa fin si imprévue et si tragique produisit une impression profonde : les plus indifférents en furent affligés ; ses amis, ses chefs anciens et nouveaux, les employés des ministères des finances et de l'instruction publique et des cultes, qui l'avaient connu, vinrent en foule à ses obsèques l'entourer de leur douleur et de leurs regrets unanimes. La conférence de Saint-Vincent-de-Paul a consigné sur les procès-verbaux de ses délibérations le solennel hommage qu'elle a rendu à la mémoire de l'un de ses membres les plus zélés ; sa famille consternée pleurera toujours celui qui était un de ses plus beaux ornements et dont elle était si fière.

Voué au blanc depuis son enfance, Alfred avait une dévotion particulière pour la Sainte-Vierge. Bien qu'il en eût placé l'image près de son lit dans sa chambre à Paris, il portait au cou une médaille qui la représentait. On l'a trouvée sur lui après sa mort ainsi qu'un scapulaire qui ne l'avait pas quitté depuis le jour de sa première communion. La vierge Marie, dont le nom lui avait été donné, était sa patronne. Elle a soustrait sa jeunesse aux périls de ce monde ; elle ne l'abandonnera pas dans l'autre. Sa vie pure et chrétienne recevra dans le ciel sa récompense. Ce n'est donc pas lui qui est à plaindre, ce sont ses frères, son père et surtout sa pauvre mère.....

Alfred avait reçu en partage les dons les plus précieux de la nature : ses manières étaient distinguées, sa physionomie douce, fine et spirituelle. A un cœur parfait il joignait un jugement droit, un caractère toujours égal, un esprit intelligent qui ne froissait jamais personne. Il aimait par-dessus tout la vie de famille, les réunions intimes dans la maison de son grand-père dont il soigna si affectueusement la vieillesse, de sa grand'mère qu'il vénérait, de sa tante Clergier, à Saint-Cloud, qui fut pour lui une seconde mère. Cependant il était recherché dans le monde pour son exquise urbanité et son infatigable obligeance ; il y allait même volontiers en y portant la candeur d'une jeune fille qui ne soupçonne pas le vice qu'elle ignore.

Ses nobles sentiments et son affiliation à la conférence de Saint-Vincent-de-Paul le portèrent naturellement aux œuvres de charité ; mais il se cachait pour faire le bien comme d'autres se cachent pour faire le mal. On pourrait en citer ici plusieurs preuves. Il suffira de rapporter une revélation faite, après son décès, par une femme indigente qu'il secourait secrètement, au président de cette conférence : « Ah ! que « nous sommes malheureux ! s'est-elle écriée, en fon- « dant en larmes : quelle perte nous venons de faire ! « si nous avons été vêtus l'hiver dernier, si nous ne « sommes pas morts de froid, c'est bien à M. Alfred « que nous le devons. Il était si bon, M. Alfred ! « comme il aimait mon fils qui a quatre ans. Hier, « lorsque j'ai dit à mon petit garçon : tu sais bien, « mon enfant, M. Alfred, tu ne le verras plus ; il est « sous terre, le pauvre enfant a été comme suffo- « qué ; les larmes lui tombaient grosses comme des « pois.... De mon état, Monsieur, je fais des cou- « ronnes d'immortelles ; je vous en prie, faites-moi « savoir où est la tombe de M. Alfred, j'irai avec mes « enfants lui porter un souvenir. »

Sous beaucoup de rapports, Alfred pouvait être présenté aux jeunes gens de son âge comme un modèle ; mais il fut particulièrement remarquable par son amour filial. Il avait à la fois pour sa mère la vénération et le dévouement d'un fils, la tendresse d'une fille, le zèle chaleureux d'un frère, la franchise expansive d'une sœur, la cordialité d'un ami. Il n'était réellement heureux qu'avec elle. Le jour, il la comblait de ses caresses ; la nuit, couché dans une chambre voisine de la sienne, il épiait son sommeil, veillait à ses moindres souffrances et se levait à son premier appel. Le foyer maternel avait pour lui les charmes et la vitalité du pays natal. Modeste et parlant peu en société, c'était pour sa mère qu'il réservait ses idées et ses épanchements, comme un voyageur qui parcourt, taciturne et pensif, les régions étrangères et ne communique ses observations qu'à son retour dans sa patrie. En un mot, sa mère était tout pour lui..... Dieu sans doute n'a pas permis qu'il reprît complétement sa connaissance à ses derniers moments pour lui épargner le chagrin de ne pas la voir à ses côtés avant de mourir.

En lui consacrant ces lignes, M. de Berty a voulu se rendre l'interprète de sa famille tout entière et lui payer en même temps le faible tribut de son inaltérable affection. Puisse cette notice contribuer à adoucir la douleur de sa malheureuse mère!....

Paris, 20 octobre 1852.

www.ingramcontent.com/pod-product-compliance
Ingram Content Group UK Ltd.
Pitfield, Milton Keynes, MK11 3LW, UK
UKHW021020220726
13924UKWH00001B/93

9 782019 239626